JN410947

발

이광호 시조집

인지
생략

들꽃시선 152
발

지은이/이광호
펴낸이/문창길
초판인쇄/2023년 09월 20일
초판펴냄/2023년 09월 25일
펴낸곳/도서출판 들꽃
주 소/100-273 서울 중구 서애로 27(필동3가) 서울캐피탈빌딩 B202호
전 화/02)2267-6833, 2273-1506
팩 스/02)2268-7067
출판등록/제2-0313호
E-mail:dlkot108@hanmail.net

값 10,000원
* 파본된 책은 바꾸어 드립니다.

ISBN 978-89-6143-232-0 03810

■ 이 시조집은 2023년 '전라남도문화재단 지원사업' 에 선정되어 발간 되었습니다.

들꽃시선 152

발

이광호 시조집

들꽃

| 자서 |

기역은 괭이와 허리를 구부린 사람의 옆모양을, 그리고 니은은 낫 또는 앉아 있는 사람의 옆모양을 닮았다. 디귿은 동굴의 측면도와 같고, 리을은 발가벗고 웅크린 사람의 옆모양을 그렸는데 한자의 몸기와 같은 모양이다. 미음은 입구와 같고, 비읍은 외눈목을 나눈 쌍비읍 중 절반인 하나요, 시옷은 옷을 입고 활보하는 사람의 옆모양을, 그리고 한자의 사람 인과 같고, 이응은 날마다 떠오르는 아침 해, 그리고 시옷자 위에 사람 어깨와 지구 대기권을 가로 금 그은 지읒이요, 그 지읒 위에 사람의 머리와 하늘 금을 그은 치읓이라, 칼자음 키읔자는 칼도변과 같고, 디귿을 터서 만든 티읕이요, 사람의 어깨와 두 무릎사이 그리고 지구 대기권과 지평선에 가로로 금을 그은 각각의 두선 사이, 양팔과 나무로 기둥세운 피읖이요, 마지막 하늘자음 히읗자는 두 겹 하늘 금을 그은 두이 밑에 둥근 해를 그린 모양이라.

말은 소리이고 글은 모양인 것을 저는 학생시절 한글은 소릿글이라고만 배웠으나 이젠 더 이상 한글엔 모양이 있다 없다를 논하지 않겠습니다. 평생을 작은 농사꾼으로 살아오면서 한글 모양이 농사랑 연관되어 생생히 떠오를 때마다 날마다 조금씩 적어둔 부족한 글이나마 이제 네 번째 책으로 내보내면서 혹시라도 제 글을 읽으신 분들께 이해하는데 도움이 되리라 싶어 닿소리 모양 글을 서문으로 대신합니다.

끝으로 저에게 항상 격려의 말씀을 아끼지 않으신 문창길 회장님께 깊은 감사를 드립니다.

2023년 9월에 이광호

차례

제1부 희

| 발 |

제2부 비

| 발 |

제3부 빵

| 발 |

제4부 일

| 발 |

제5부 독

제1부
희

언어란 생체 화석을

살다 간 모든이들 흔적이 쌓여있네
변하고 변하면서 변함없이 전해주는
언어란 생체 화석을 모양글로 읽으오

싸리나무

싸리를 줄인 말로 쌀인 듯 꽃도 피고
늦가을 탈곡마당 빗자루 쓸어내린
여문 쌀 돕는다 싶어 이름 부른 싸리나무

독서

글 읽는 독이란다 속마음 식량이라
독이란 담아두는 옹기그릇 아니던가
그릇도 줄여 쓴 낱말 글이 되니 그 말이라

행복

해둥근 가을날에 보리를 갈아두고
삼동네 눈비 맞은 그리움 타올라서
해 긴-긴 늦은 봄날에 보리맥을 이어라

'멈춤' 에 대하여

일하다 쉬는 사이 숨을 쉰다 생각하라
며 미음 어머니젖 떼지못한 아이처럼
가을 추 미음 먹거리 춤을 추던 사람들

놀이패 끼 발동걸어

순록이 먹은 이끼 돌려 먹은 끼니란다
쌍기역 한 끼 식사 둘로 나눈 기운기라
놀이패 끼 발동 걸어 덩실덩실 춤을 추다

부부란 뿌듯이 살다

쌍시옷 싸리나무 사립문은 단짝이고
쌍디귿 말 때문에 대문은 두 짝이라
부부란 뿌듯이 살다 분과 분일 뿐이다

몽돌 '뫃' 거꾸로 돌려

수석을 탐석하러 시 한 편을 주워왔네
물반짝 맨발 걸음 발바닥 지압이랑
몽돌 '뫃' 거꾸로 돌려 글 '움' 틔운 동그라미

달구지 타고 가던

달구지 타고 가던 농사꾼 상상이라
대장간 벌건 쇠를 땅! 따당 두들기는
보름달 반달 그믐달 달구었다 벼린 낫

옛날 농부

디귿자 바로 세운 종이등 막대 들고
내린눈 싸목싸목 집 한 바퀴 둘러본 뒤
어둔 방 둥그런 불빛 시집들린 옛날 농부

고맙단 인삿말을

고맙단 인삿말을 쓸 때마다 떠오른다
기역오 씨앗 뿌려 고래처럼 올라오는
맨 처음 농사를 짓던 곰할머니 후손들아!

한 밑천 젊은 앞날들

믿었던 미 디귿이 밑지는 티읕이라
디귿을 터서 만든 티읕이라 그렇단다
한 밑천 젊은 앞날들 너무 믿지 말아라

발

발에는 본래 없어 눈 한테 빌린 비읍
걷기야 오족 잘한 볼 수가 전혀 없어
한 평생 눈 가잔대로 실컷 일만 하였다

아버지 게가 되어

흙 한 짐 힘껏 실어 양어깨 멜빵 메고
바지게 짐져 나른 아버지 게가되어
지게란 그 이름처럼 게걸음을 쳤어라

희

아들딸 여럿 낳아 키울 적에 너희들아!
흐린 날 희망처럼 씨앗 뿌린 비를 바랜
맨 처음 말생길 적에 간절함을 머금었네

늘그막 거꾸로 돌린

해마다 연 날리듯 연달아 띄워 보낸
칠순을 넘어서서 팔순을 바라보네
'늘그' 막 거꾸로 돌린 '그늘' 음에 살아라

모내기 되도록이면

말장난 이랄까 싶어 망설이다 드립니다
모내기 되도록이면 '하지' 넘지 '말라' 시던
'하지마' '하지 마란다' 무심코 쓴 어른 말씀

모두들 들으세요

모두들 들으세요 모두란 무엇이요
어미모 둘러앉은 그럼어디 아버지는
묘전에 절 두번 드린 어미모만 둘이라

쓰다가 세상을 떠난

맨 처음 누가 발명 한글도 그랬단다
아니라! 그말 듣고 깜짝 놀래 선잠 깬듯
쓰다가 세상을 떠난 모두 함께 이루었다

맨 처음 가꾸던 농사

열매를 따서 먹다 무심코 버린 씨앗
이듬해 움을 터서 두 눈을 반짝이던
맨 처음 깨우친 농사 모든 문명 시초였네

제2부
비

‘풀다’ 를 풀어보니

시험지 받아들고 문제를 이리저리
다 풀고 텅-빈 마음 ‘풀다’ 를 풀어보니
언 삼동 다 지난 봄날 풀이 풀린 그말이라

오모음 하나를 떼고

요에다 받침 한말 기역과 이응이라
기역은 욕이 되고 이응은 용이 되니
오모음 하나를 떼면 심고 거둔 옥이 되라

가다가 다리를 절면

무명지 손가락에 가락지 끼워주고
땅에다 이마댄듯 고개 숙여 맞절하던
가다가 다리를 절면 절하느라 그렇단다

비

가뭄이 극심할 때 빌어 본적 있었나요?
빌어서 아니란걸 잘 알면서 때론 빌죠
농삿일 필연을 바랜 비내리는 우연이라

단 한번 살다가는 삶

물수자 굴속으로 흘러내린 그 모습을
무엇이 부끄러워 고개를 수굴다니
단 한번 살다가는 삶 고개들고 사소서

젊은이 리을미음

이리로 오라하면 저리로 가고싶고
저리로 가라하면 더 멀리 떠나가는
젊은이 리을미음자 글모양을 옮겨 살다

기역을 기윽이라

기역을 기윽이라 이름하지 않은 뜻은
기역은 씨앗 뿌린 니은 낫 거둔 알곡
기역을 역으로 돌린 니은자가 되니까

확실한 벼 화에 기억

어느새 해는 짧고 밤기온 차갑지만
수잉기 노을 물든 넉넉한 황금들녁
확실한 벼 화에 기억 허리 굽혀 수확하다

이제야 귓전에 울린

생전에 할머님이 혼잣말 되뇌이신
풀잎에 맺혀있는 이슬처럼 짧은 인생
이제야 귓전에 울린 구슬같은 하얀 말씀

심은 나 없을 무래도

나물은 날마다 먹는 물과 같다 그렇지만
나무는 리을 떼고 살다가 사라지듯
심은 나 없을 무래도 또 한 그루 심으란다

모른단 말 마디가

모른단 말 마디가 어미모란 아십니까?
병아리 별에 놀다 어미닭 날개 품속
모리을 한숨 쉰 다음 몰래 나온 그말이라

설날은 복날을 세워

농번기 날밤 세워 이른 새벽 일나가고
숫돌에 날을 세운 칼날이나 마찬가지
설날은 복날을 세워 그믐까지 가소서

흙토

흙토를 흙과 토로 나누어 살펴 보자
흐린 날 알몸 리을 기역으로 씨앗 뿌려
티읕오 움을 터오른 새싹들이 아닌가

잠시란 잠든 지난 밤

어디서 온줄 모른 취한 내가 잠이 들어
잠시후 깨어나니 깨다란 개고갠 날
잠시란 잠든 지난 밤 시체처럼 지났구나

대문 앞 큰돌 놓은 뜻

도로를 줄인말은 돌아오란 돌이되어
부모님 돌아가신 살아생전 흔적 하나
대문 앞 큰돌 놓은 뜻 돌아오라 부른다

질문을 하다 문득

질문을 하다 문득 지읒일 열고 닫는
애를 써 짓는 농사 되로 되어 되는 농사
얼마나 풍년 드소서! 빌다 묻다 된 말일까?

대풍을 트고 지나간

티브이 야단법석 태풍이 지나갔다
큰대자 다리사이 점찍힌 클 태자라
대풍을 트고 지나간 태풍 티읕 잘 읽었소

배달된 우리 달민족

아이들 줄어들어 걱정이 된다지만
나라가 없어진다 입방정 떨지마라
배달된 우리 달민족 다음 다시 새달 뜬다

내일도 일하고 싶다

어제는 가버렸네 제사 모신 글자 따라
오늘은 늘푸른 날 늙은이 기억을 떼고
내일도 일하고 싶다 일찍 일어나야지

새빨간 거짓말 망정

비읍은 보는 자음 외눈목을 나누었다
나눈 눈 그랬겠네 쌍비읍 예쁘잖니
새빨간 거짓말망정 나눌적 피 흘렸겠네

제3부
빵

'움직임' 에 대하여

애당초 산에다가 씨앗 뿌린 누구있나
도토리 이웃들이 툭!하고 떨어져서
더러는 바람에 날린 움을 터서 덮은 숲

죽은 뒤 그 다음 세상

너는 왜? 넘어가고 나는 왜? 남는 달까?
고개도 그러하고 음식을 먹다 말고
죽은 뒤 날 마음 먹고 남아있는 사람들

온달밤 사랑하고

달갈을 이름 짓던 달은 왜? 다디달까?
초승에 반달 그뭄 온달밤 사랑하고
달콤한 달 코 베먹은 수박 쪼갠 때문일까?

눈치란 무엇인가?

눈치란 무엇인가? 꿩을 잡는 치 아닌가
웃음을 주고받는 눈치챌가 조심하라
모르고 마음에 스쳐 몸에 베든 무형체

뿌리에 물을 뿌린다

모종에 물주면서 '주다' 는 될 말일까?
지읒은 땅지 자음 우모음 비내리는
뿌리에 물을 뿌린다 말을 삼가 하리다

언어란 화석이라

언어란 화석이라 눈여겨 볼만하다
대왕께 대를엮어 올린 상소 대책이랑
이끼를 먹이던 순록 돌려 먹은 끼니란다

한평생 빚만 지다가

돈 빌린 빚이 아닌 비지읒 땅에 내린
주소서! 두 손 비빈 하늘에 비를 빌어
한 평생 빚만 지다가 죽음으로 갚아라

벼 움트는 봄날 기운

하늘은 아래하라 지하에 뚫려있는
쥐구멍에 볕들 날 있다는 뜻 말일까?
볕이란 벼티읕이라 벼 움트는 봄날 기운

흰 쌀밥 먹은 다음날

올해는 풍년 배추 값이 없어 버렸으니
물건 값 싸단 말은 쌀에서 나온 말로
흰 쌀밥 먹은 다음 날 리을 뗀 말 싸니 싸다

'꼼꼼' 한 낱말 모양

'꼼꼼' 한 낱말 모양 곰곰히 살펴보니
곰할미 전설따라 고맙다는 그말까지
고미음 글농사 지어 이어내린 하얀 민족

구름에 달 가듯 하여

거두러 가는 걸음 '걷다' 라 이름하고
논 갈러 가는 길을 '가다' 라 일렀을까?
구름에 달 가듯 하여 노래 부른 '달리기'

닿다

닿소리 '닿다' 란 말 히읗은 하늘자음
그믐 '달' 리을 떼고 문장 끝 '다' 가 되어
초승달 일 주기 마친 하늘 끝에 닿았다

보리보 까스락 밀던

보리는 보릿고개 맥을 이어 뛰게 하고
지금 좀 잘 산다고 짐작조차 못한다니
보리보 까스락 밀던 어미모를 모를까?

친구란 또 한번의

사돈네 팔촌까지 들먹이는 나라에서
친구란 또 한 번의 아홉 번째 친척일까?
치읏을 따로 떼어 본 하늘천과 같아라

달 뜨는 동

해 뜨는 동이아닌 달 뜨는 동이란다
단 한 번 매달 보름 동그라미 정답처럼
달과 동 디귿 자음에 하늘 해는 붙박이라

모내기 흙탕물 치던

도랑에 미나리가 시처럼 맛이깊네
연꽃도 향기롭긴 진흙속 꽃을 피운
모내기 흙탕물 치던 백옥 살결 고와라

배려와 염려

스스로 그러라네 남들을 배려할 때
올해도 마찬가지 우려하는 비내릴까?
무논에 가을하려던 흐린 날씨 염려되네

어머니 허리 굽으린

마지기 논베미에 마지막 모내기라
아버지 비 내리면 술 한 잔 비우시고
어머니 허리 굽으린 깻모종을 옮겼다

성큼성큼

달리기 걷는 걸음 아니란다 성큼성큼
키란 칼 세워둠에 옆으로 크란 말씀
해마다 열매 떨어져 움직이는 수풀 걸음

빵

빵이란 둘로 나눈 방이 되는 웬말일까?
한옥은 네모난 방 살면서 당치않은
둥그런 옮기며 살던 유목민들 방이었네

제4부
일

큰 일과 작은 일

큰 일은 키읔자음 칼 쓰는 일이란다
작은 일 농사 짓는 지읒작 말했잖니
나랏일 부름없으니 물러나서 지으리라

아내가 물때 맞춰

아내가 물때 맞춰 갯벌에 갔다오면
어릴적 어머니가 시장 다녀 오신듯이
온 가족 웃음꽃 만찬 봄맞이를 합니다

큰 잘못

나무는 나하고는 무관하게 잘자란다
산에다 그대로둔 거목이 되었을 것을
가뭄에 물 몇 번 주고 키를 자른 큰 잘못

숫돌에 낫 갈면서

숫돌에 낫 갈면서 숫과 낫은 시옷받침
산시옷 비탈을 뉘어 날을 세운 탓일 거야
산비탈 비가 내리면 타고 내려 가꾼 알곡

생각만 씨가 되는 말

넘보는 말도 있고 너가 둘인 녀자랄까?
나가서 벌어와야 아버지로 남는 남자
생각만 씨가 되는 말 남이된다 말아야지

큰 모습을 보이소서

어린이 자란 다음 어른이 되었기로
이에서 으모음을 바꿔 살줄 알아야지
키다 큰 어른이라면 큰 모습을 보이소서

보리는 맥이랄까?

보리는 맥이랄까? 혈맥이 뛰고 있는
늦가을 벼벤 논에 보리 갈던 마지막을
막글자 이모음 막아 보리고개 넘는 맥

마음은 심이란다

마음은 심이란다 의심하면 쓸까 몰라
협심도 절반 뿐인 시심이 그냥 좋다
시미음 시를 먹어야 풍성해진 마음이라

오도독! 톳을 뜯어

오도독! 톳을 뜯어 반찬할가 싶었는데
동굴을 닮은 디근 터서 만든 티읕이라
돌디귿 새움터 오른 톳이란다 불렀겠네

콩과 코

코이응 콩이란다 사람코 키읔 오라
칼자음 키읔자는 칼도변과 너무 같아
쌍떡잎 쪼갠 싹트고 수술하여 높이는 코

나쁜 사람 좋은 사람

나뿐만 아는 사람 나쁜 사람 그렇다면
조히울 좋은 사람 어떤 이를 이름일까?
지읒오 땅에서 움튼 하늘열매 가꾼 사람

태양을 모양글로

태양을 모양글로 어디 한 번 살펴보니
양이란 둥근 이응 볼 수없는 밤야라네
이응은 태양을 그린 동그라미였구나

긴-들녁 가을비 내린

나비떼 날아올라 비 내린다 이름하고
새우떼 물때 맞춰 뛰어오른 새우라네
긴-들녁 가을비 내린 오늘 하루 비우다

일기역 다칠가 싶어

지읒오 땅에 심어 올라오는 새싹들아!
시미음 마음 먹은 시와 같은 먹거리라
일기역 다칠가 싶어 조심조심 읽어라

조상 때 도움 줬던일

세상사 모든 일들 농사 짓는 품앗이라
선한 일 물론이요 거꾸로 된 혹시라도
조상때 도움 줬던 일 후손 때 꼭 되받는다

일

아침에 일찍 일어나 일하러 나아가는
일이삼 수 셀적에 첫번째 일이란다
일일이 내세워 말고 일상으로 살아라

어떤 주름살

지읏우 비를 주는 흐르는 구름이라
평생을 농사 짓던 이마에 굵은 주름
가뭄끝 찌뿌린 날씨 비 내릴 듯 싶구나

나라를 경영하는

나라를 경영하는 사람들이 맞는 걸까?
두 귀를 의심하다 보는 눈 민망하여라
부드런 지면서 이길 뼈있는 말 아쉽다

산골 밭 쟁기질은

산골 밭 쟁기질은 두 마리 소가 끈다
끈이란 근근이라 기역니은 심고 거둔
고삐랑 혀끝을 치는 글이 끌끌 울린다

비란 말 구름 아닌

비란 말 구름 아닌 바람 자음 세웠을까?
구름은 비를 내린 어머니나 다름없는
큰바람 화를 낼까봐 아버지라 그랬단다

제5부
독

보태기 빼기란 말

흉년에 있고 없는 입 하나 더하고 덜기
보태기 빼기란 말 아이 배고 낳음일까?
앞뒷집 쏙-빼 닮았다 수군대는 아낙네들

토요일 일요일을

토요일 일요일을 모양글로 읽어보니
사람들 연휴라고 놀러다닌 잘못이라
흙토에 움트는 씨앗 일요일은 일하란다

빪과 뼘

빪 맞고 오랫동안 쌍비읍을 못 읽었네
뼘이란 모를 낼때 벼와 벼 심는 사이
재던손 볼을 맞으니 눈 뒤집힌 모음일까?

외국을 외라않고

외국을 '외' 라 않고 '왜' 라고 불렀겠니
개, 돼지, 소는 쇠라 이모음 붙박듯이
와! 하고 몰려온 '왜' 적 단 칼 모음 막았잖니

야생화 흐드러지게

떠난적 없었는데 고향은 아니었다
비운적 없었는데 살던 집 아니라니
야생화 흐드러지게 피어있는 골짜기

재 넘어 짐져 들여야

고개란 곡애란다 늦가을 애를 쓰고
들녘은 어찌하여 산너머에 있었을까?
재넘어 짐을 저들여 마당 가득 쌓았다

마당

애초에 건너다닌 집마당 아니었데
마땅히 먹거리가 나오는 마당마다
아버지 도리깨 힘껏! 내리치던 그 자리래

변화란

모내기 하여 놓고 바다같이 푸른 들녘
노랑잎 하나라도 병든 걱정 약을 뿌린
수잉기 노랑 벼화를 변화라고 부르다

'눈' 글자 거꾸로 세운

설날설 눈설일까? 올해도 눈이 오네
섣달 눈 유월 비라 얼마나 빌었던가
'눈' 글자 거꾸로 세운 풍년 농사 '곡' 비란다

온돌방 놓고 살다가

온도와 온돌에서 누가 먼저 말 됐을까?
불에다 구운 돌이 오랫동안 따뜻하여
온돌방 놓고 살다가 온도라고 불렀을까?

저물녘 누런 논두렁

쌀랑한 하늬바람 불어오니 반가워라
여름내 땀흘리며 벼를 가꾼 아버지는
저물녘 누런 논두렁 둘러보러 갔단다

칠순에 이르러서야

한글도 나랑 함께 늙어가는 친구일까?
젊은날 철철 읽어 다 알았다 싶더니만
칠순에 이르러서야 실눈 겨우 떴어라

나들이

민들레 바람타고 온들녘 퍼졌단다
도레미 솔라시도 콧노래를 부르면서
도회지 몰려선 사람 주말마다 떠나듯이

글 한 상 소박히 차려

자정을 한참 지난 새벽보다 훨씬 빠른
잠을 깬 이사람아! 하루에 단 한 번을
글 한 상 소박히 차려 한 끼라도 먹어야지

천천히 하늘길 두 번

하늘에 뛰어오른 호와 호 효가되어
두 모음 욕이라던 칭찬받는 효자라네
천천히 하늘길 두 번 오른듯이 살아라

긴-가뭄 비 오듯 하여

이슬은 스스로를 줄인 말이 아닐런지
흐린 날 어찌그리 비 내리는 짐작하고
긴-가뭄 비 오듯 하여 슬기롭게 넘자는가

독

오늘도 내일도 또 똑! 소리 날까 싶어
빈-독은 군말없이 가득한 앉음새라
새벽에 흉년 어머니 바닥 긁힌 가슴앓이

운과 구름에 대하여

공중에 높이 떠서 수증기로 흐른 물을
고개를 쳐다보고 거꾸로 읽었기로
'공' 이란 '운' 에 '물' 은 '롬' 흐르는 구 '름' 이라

맑은 날 밝은 마음은

기역은 괭이모양 발기역 씨앗 뿌린
허리를 굽으리고 말기역 공손하던
맑은 날 밝은 마음은 글모양이 바뀌었소

풍년도 간을 맞춘듯

거름 비 햇볕까지 알맞고 적당하게
적당한 말마디를 이웅 떼면 적다이니
풍년도 간을 맞춘듯 말 많으면 아니든다